Tumi
Lambayeque

En idioma quechua, tumi significa «cuchillo». Esta pieza funcionó como hacha ceremonial de la cultura Lambayeque.
Está elaborado con láminas de oro repujadas
y con incrustaciones de piedras semipreciosas. Representa a una deidad, posiblemente a Naylamp, cuya historia es notablemente similar a la de Viracocha.

Inti: Dios Sol

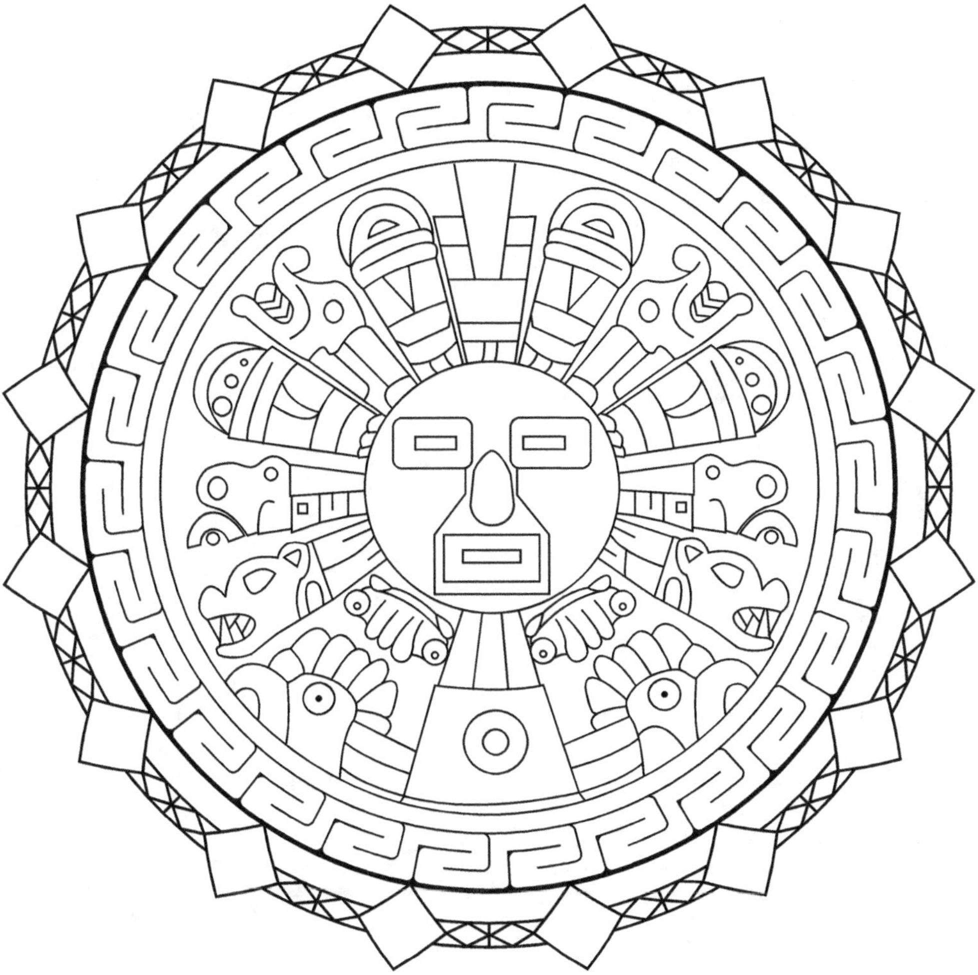

Los quechuas del Imperio inca tenían al dios Sol en el primer peldaño del escalafón celeste, cuyo nombre sagrado era «Inti». La luna, con quien compartía una igualdad de rango en la corte celestial, era conocida bajo el nombre de «Mama Quilla».

Cóndor
de Nazca

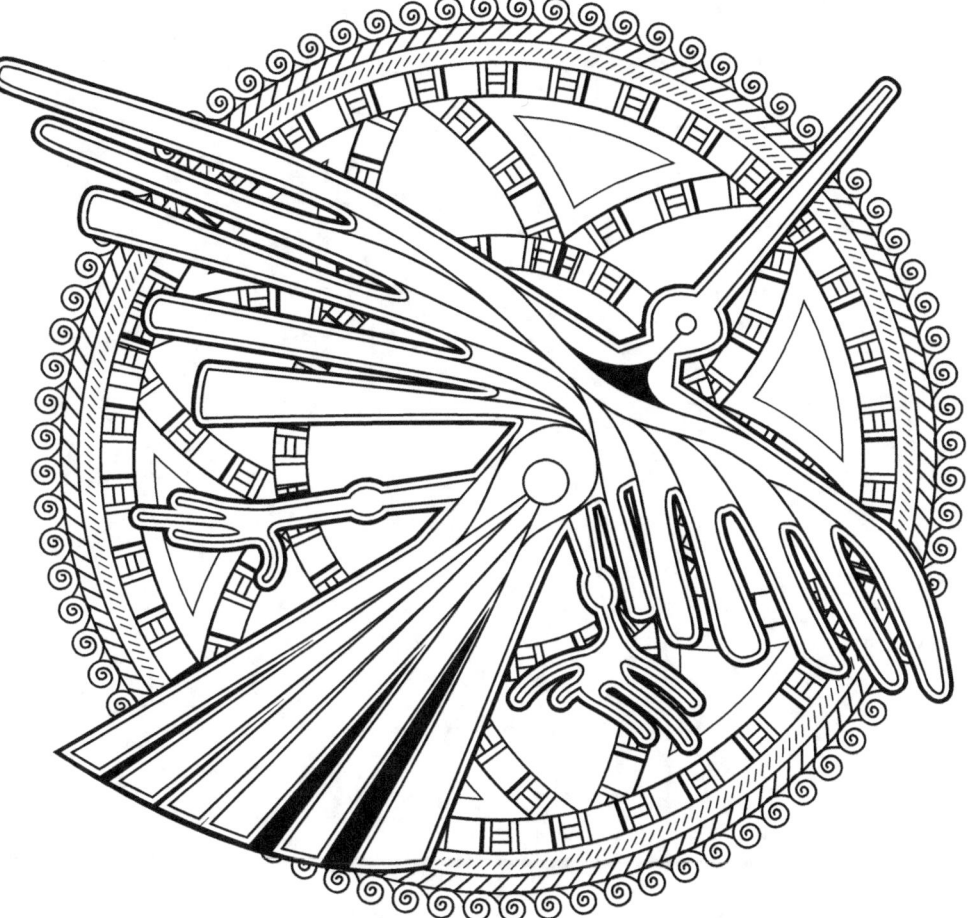

El Cóndor posee una longitud aproximada de 135 metros de largo. Está diseñado, en su mayoría, con líneas perfectamente rectas, lo cual representa una asombrosa hazaña para la época precolombina.

Lanzón

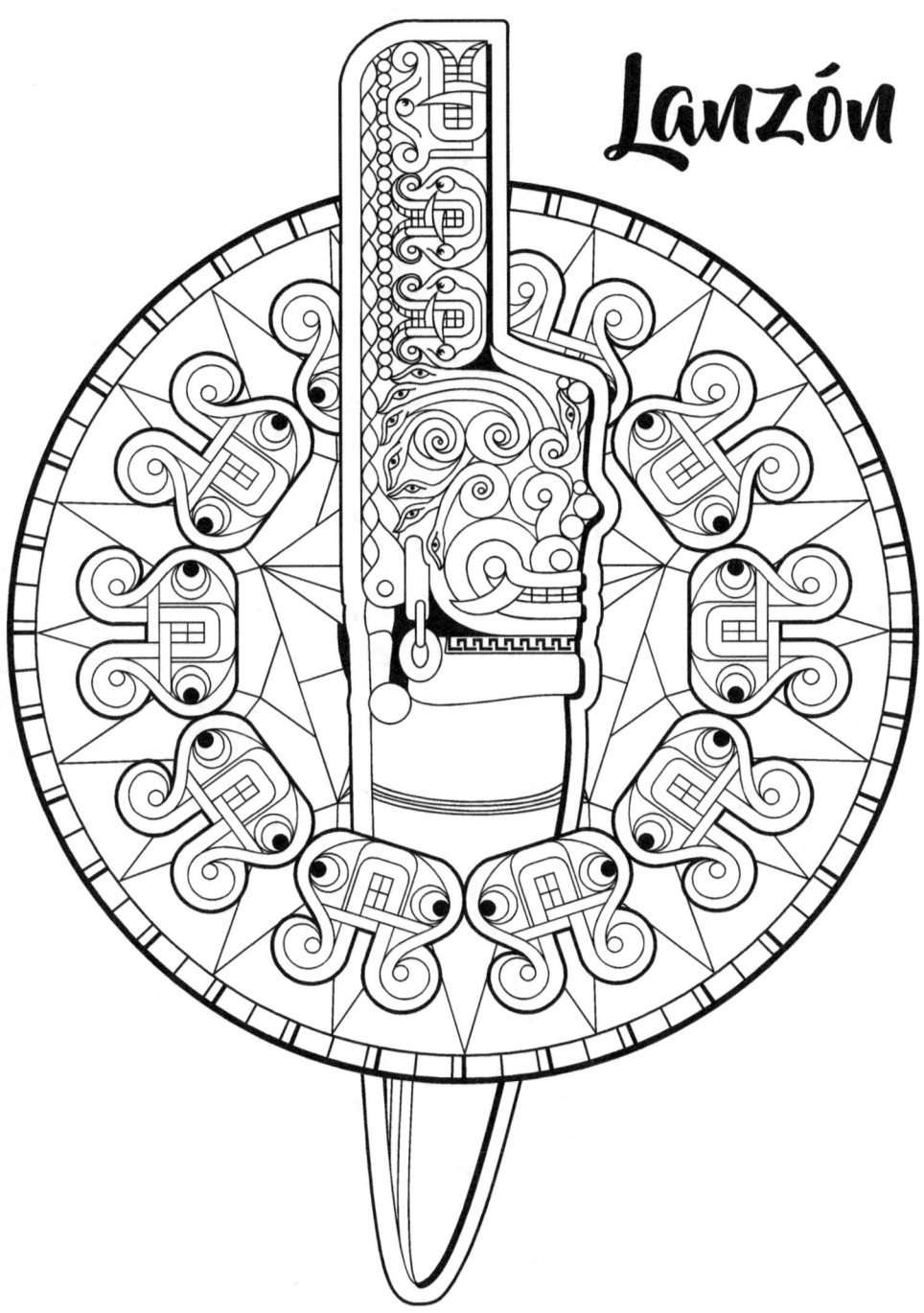

Es un monolito perteneciente a la cultura chavín. Está esculpido en granito irregular y tiene 4,54 metros de altura. Se le llama «lanzón» porque tiene la forma de una gigantesca punta de lanza, cuyos extremos se enclavan sólidamente
en el suelo y en el techo de la galería donde se ubica.

Cabezas Clavas

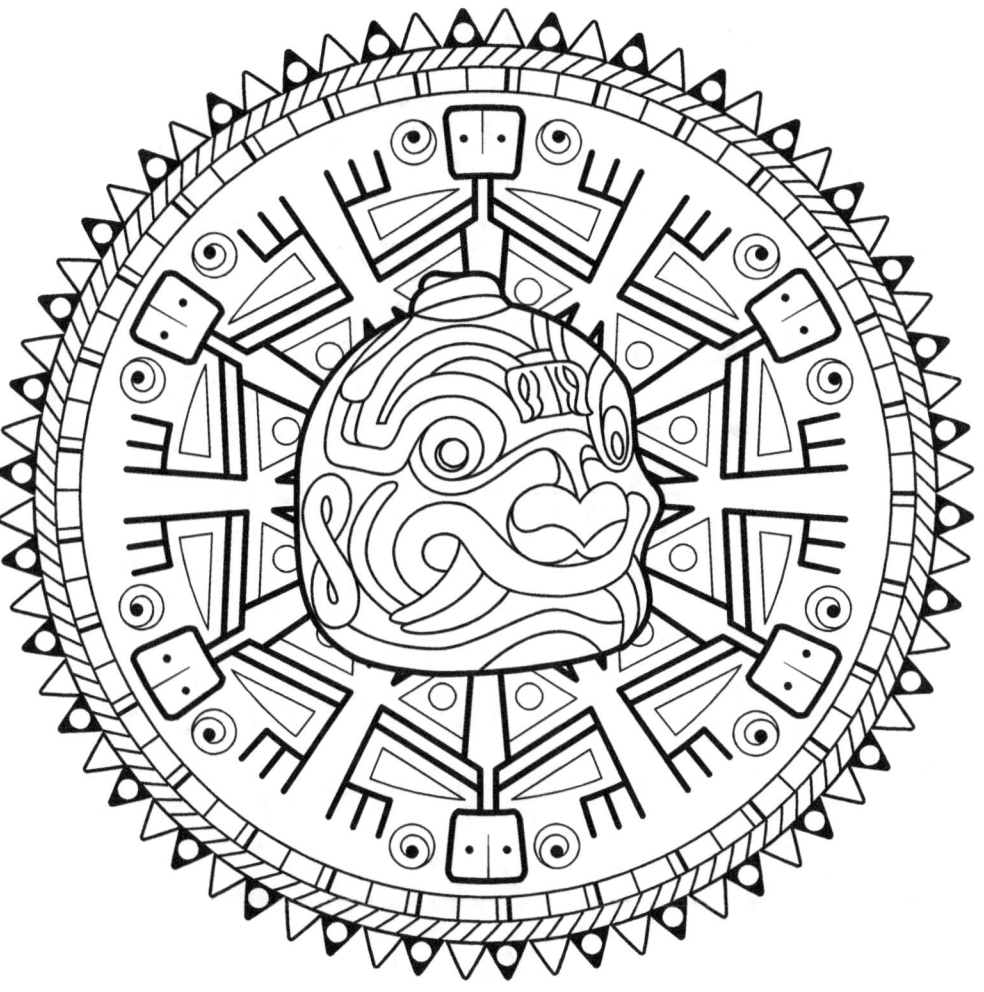

Se denominan «clavas» porque cada cabeza tiene una espiga o estructura alargada en la parte posterior, la cual servía para fijarla en las concavidades de las paredes, a manera de clavos.
Pertenecen a la cultura chavín, predecesora de los incas.

Sacerdote inca

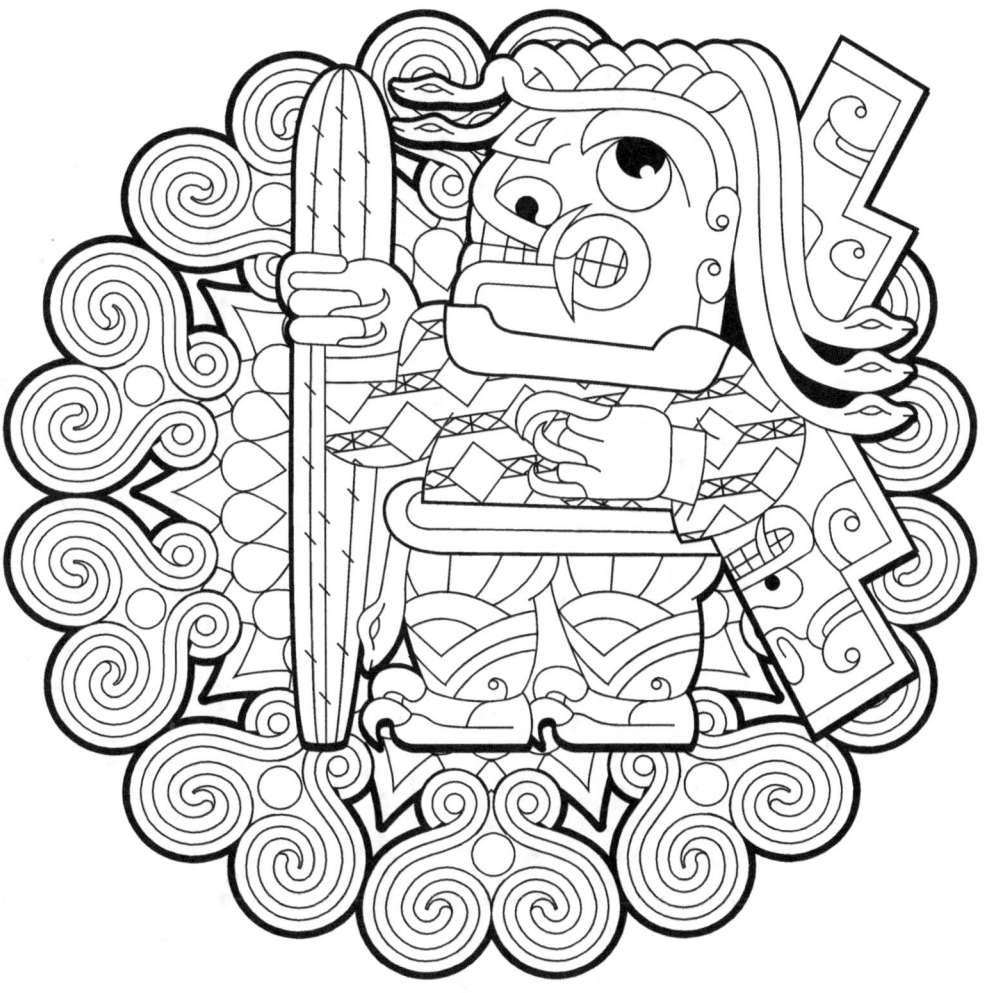

Heredado de las culturas mochica y chavín, el cactus de San Pedro era utilizado por los sacerdotes incas en las festividades religiosas. Se preparaba una bebida llamada «aguacoya» o «cimora», que generalmente se mezclaba con otras plantas alucinógenas.

Aiapaec

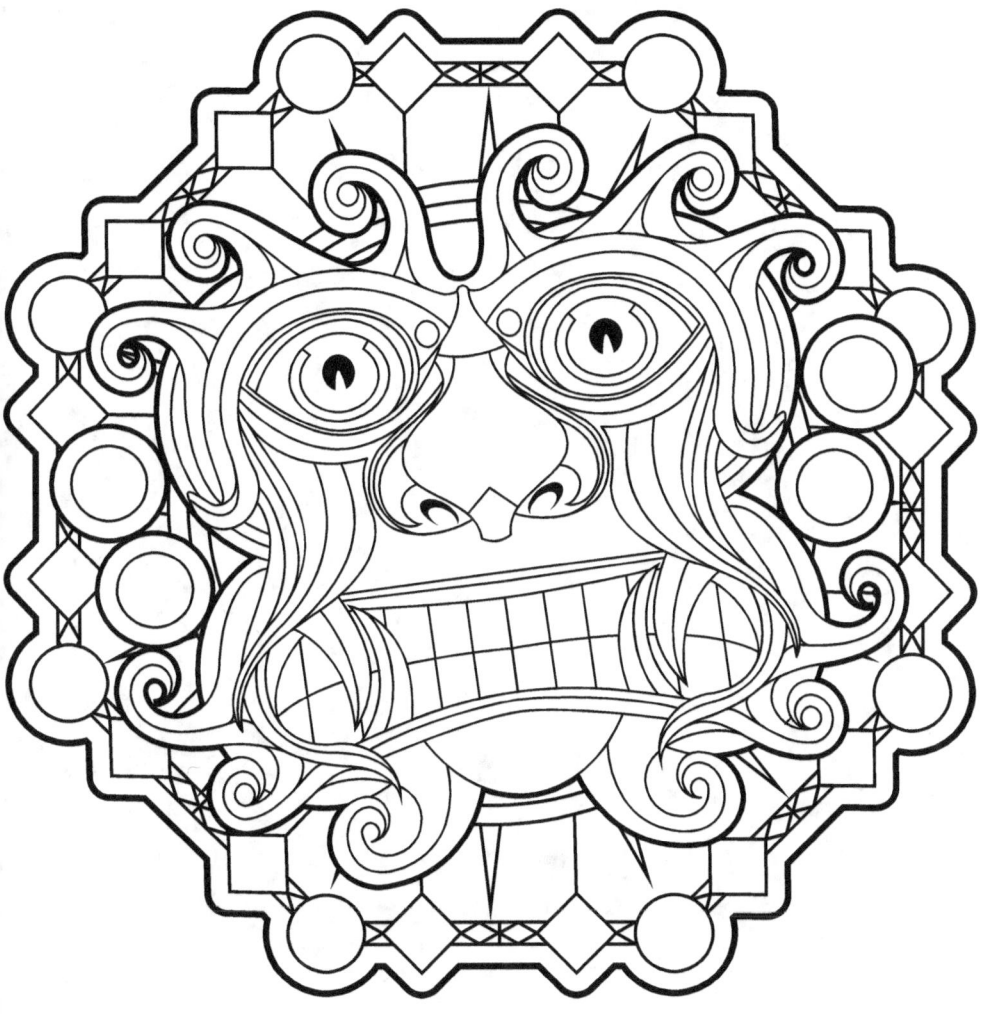

Era el dios mochica al que más temían y adoraban. Conocido como «el Decapitador». Era el dios protector, proveedor de alimentos y agua.

Aiapaec 2

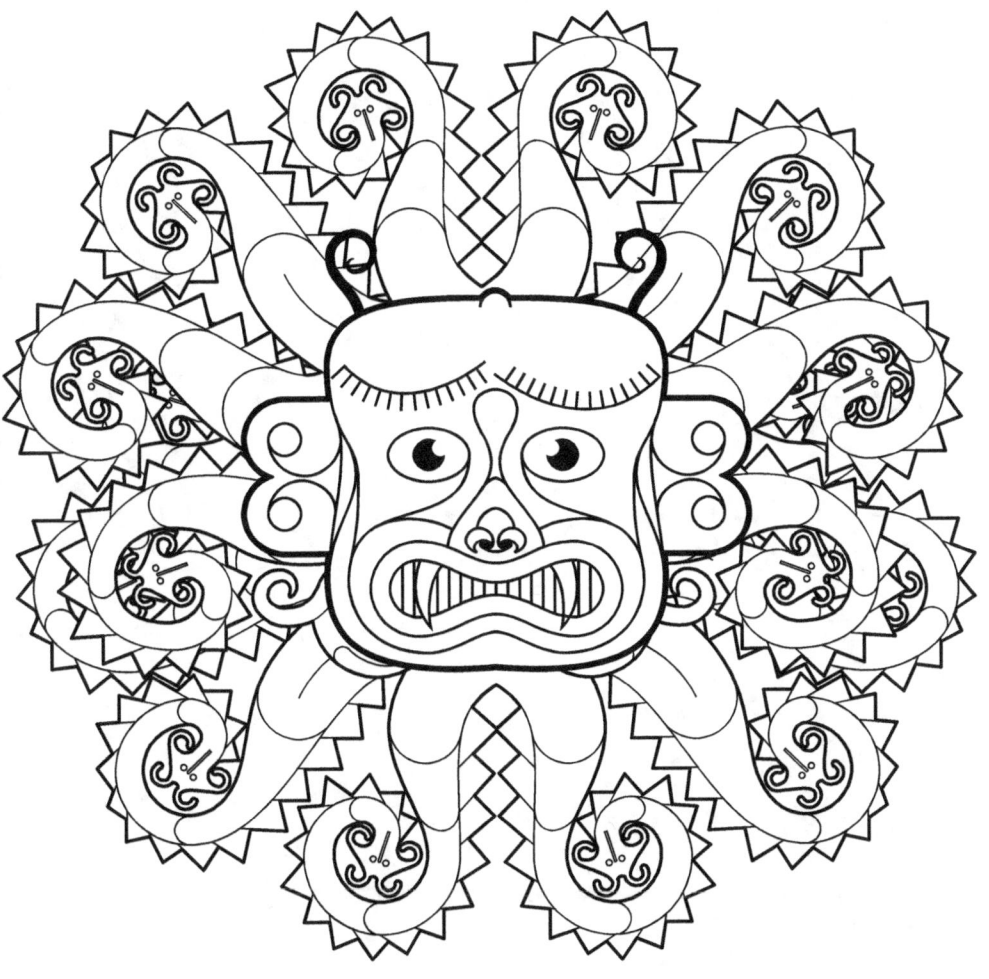

Existen diferentes figuras de Aiapaec en el arte mochica, sin embargo, la casi todas presentan colmillos y serpientes en la cabeza, lo cual significa cautela y destreza para dominar.

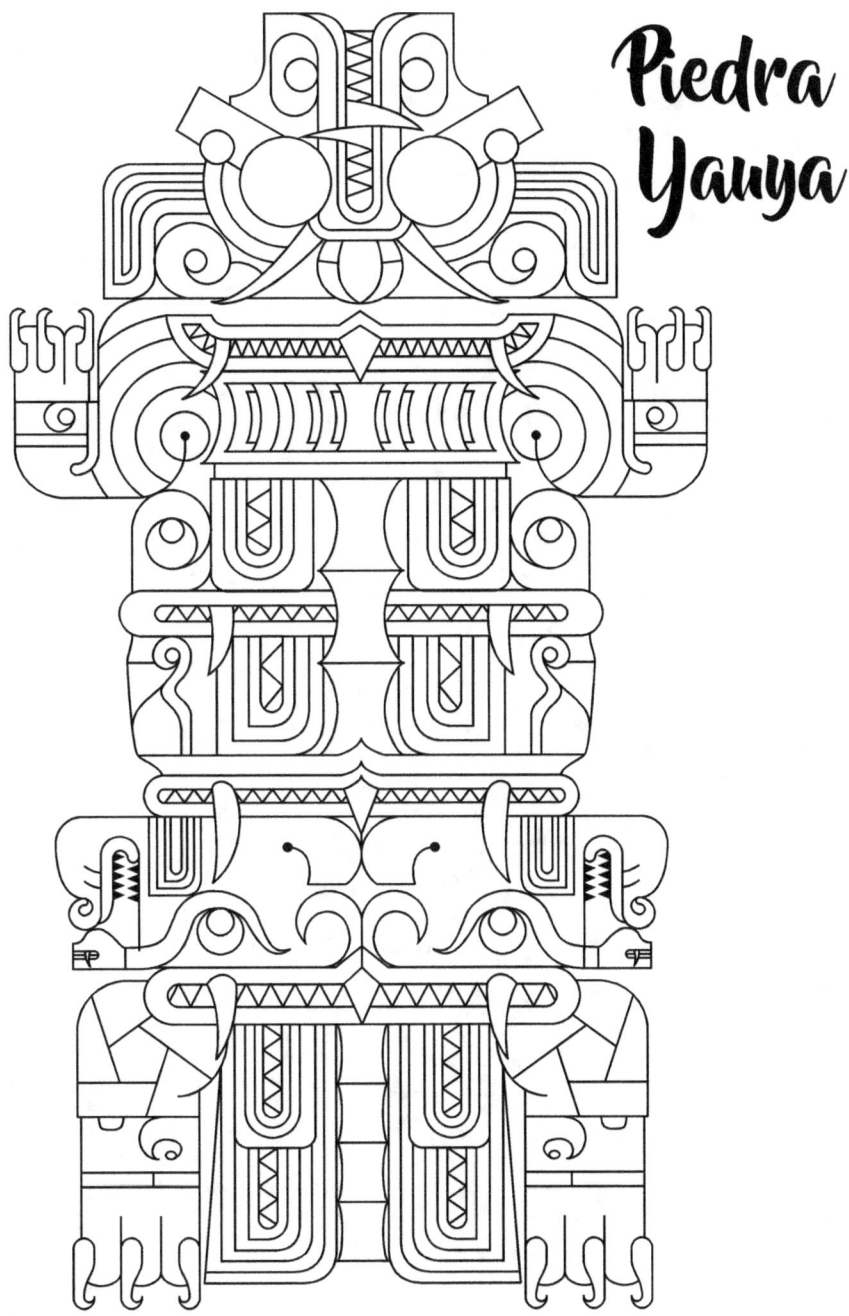

Piedra Yauya

No queda claro lo que esta escultura chavín representa realmente; no obstante, la idea más aceptada es que
se trata de la figuración de un caimán, y que los distintos adornos, como dientes, ojos y escamas, representan sus cualidades depredadoras y salvajes.

El Mono
de Nazca

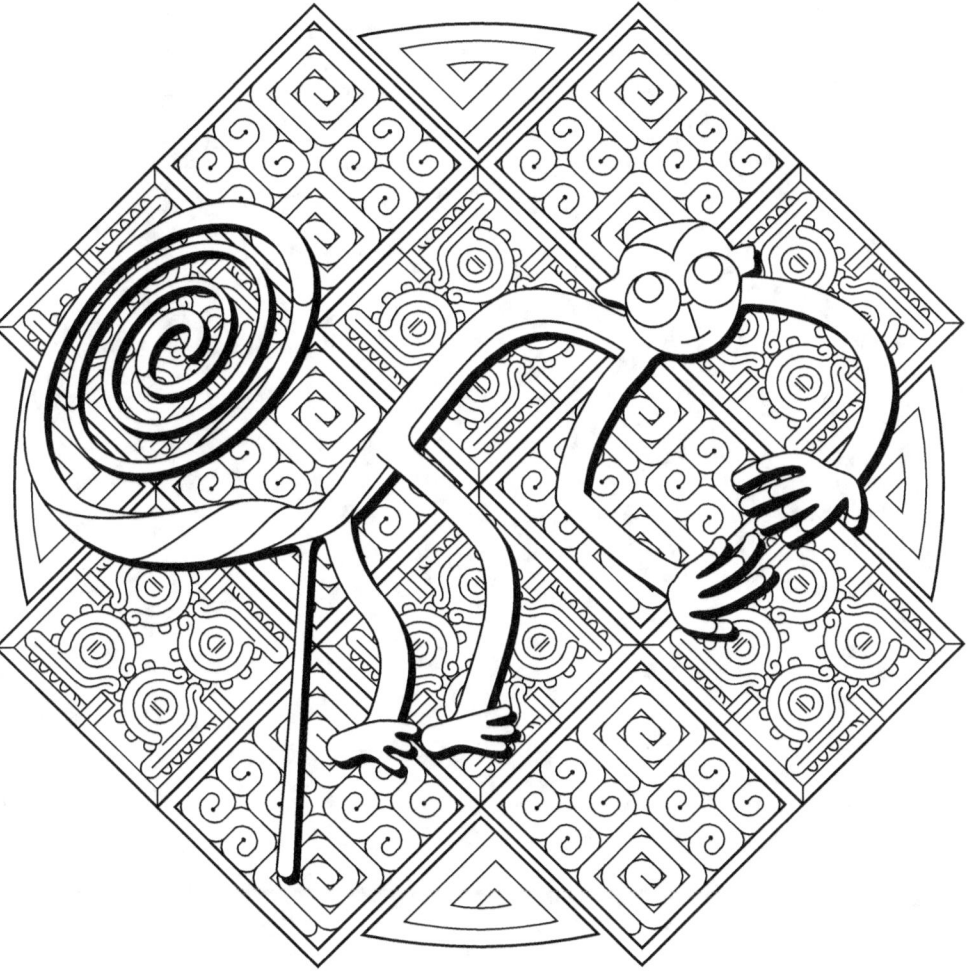

Está entre las figuras de Nazca de mayor longitud. Con 135 metros de largo, su emblemática cola se ha convertido en un símbolo mundial de la cultura peruana actual.

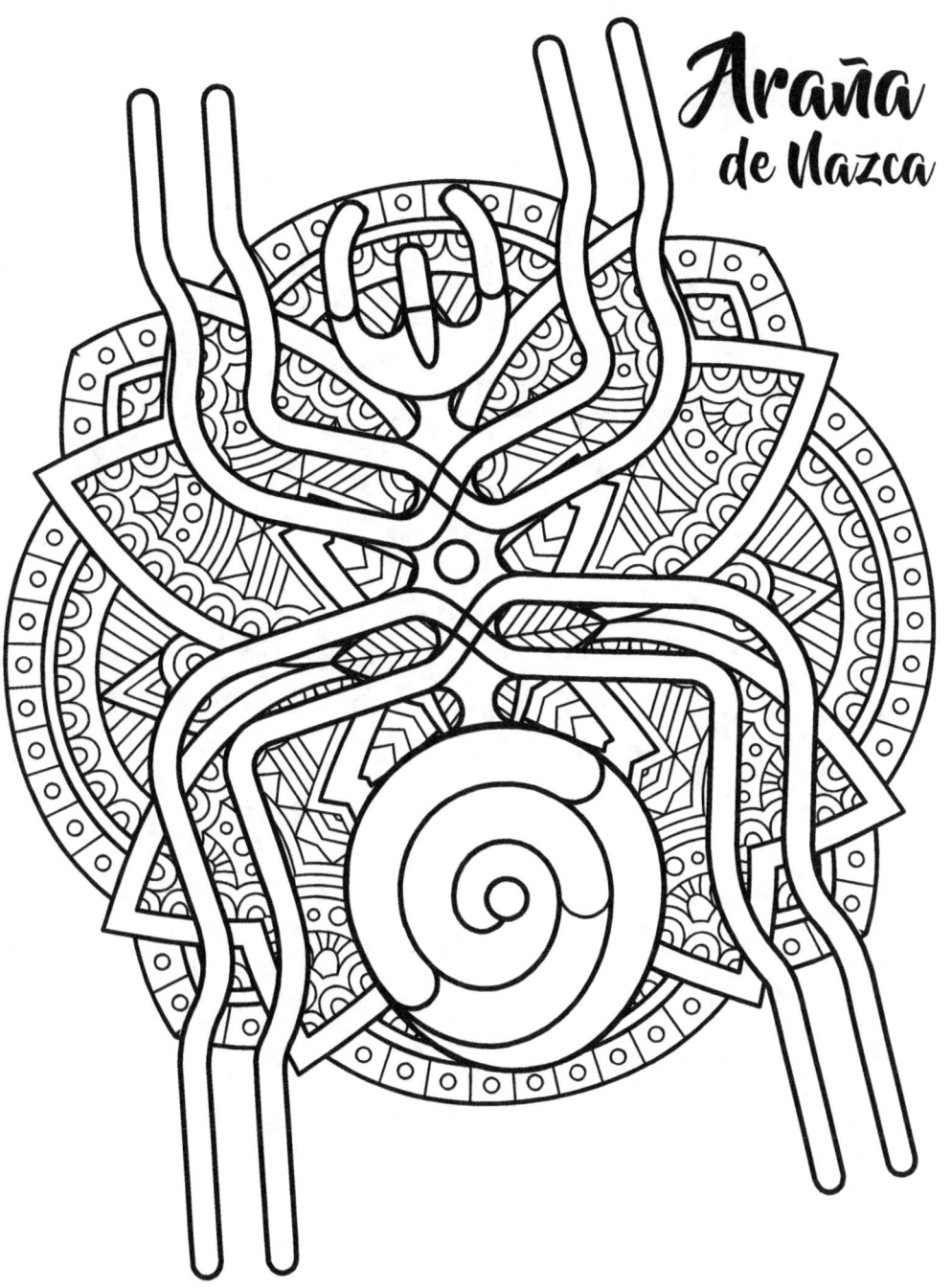

Araña de Nazca

Junto con el mono, la araña es la más famosa de las líneas de Nazca. Posee una longitud de 46 metros. Se dice que estas líneas corresponden a constelaciones celestiales observadas desde Nazca, pero aún no se puede decir con certeza que así sea.

Señor de Sipán

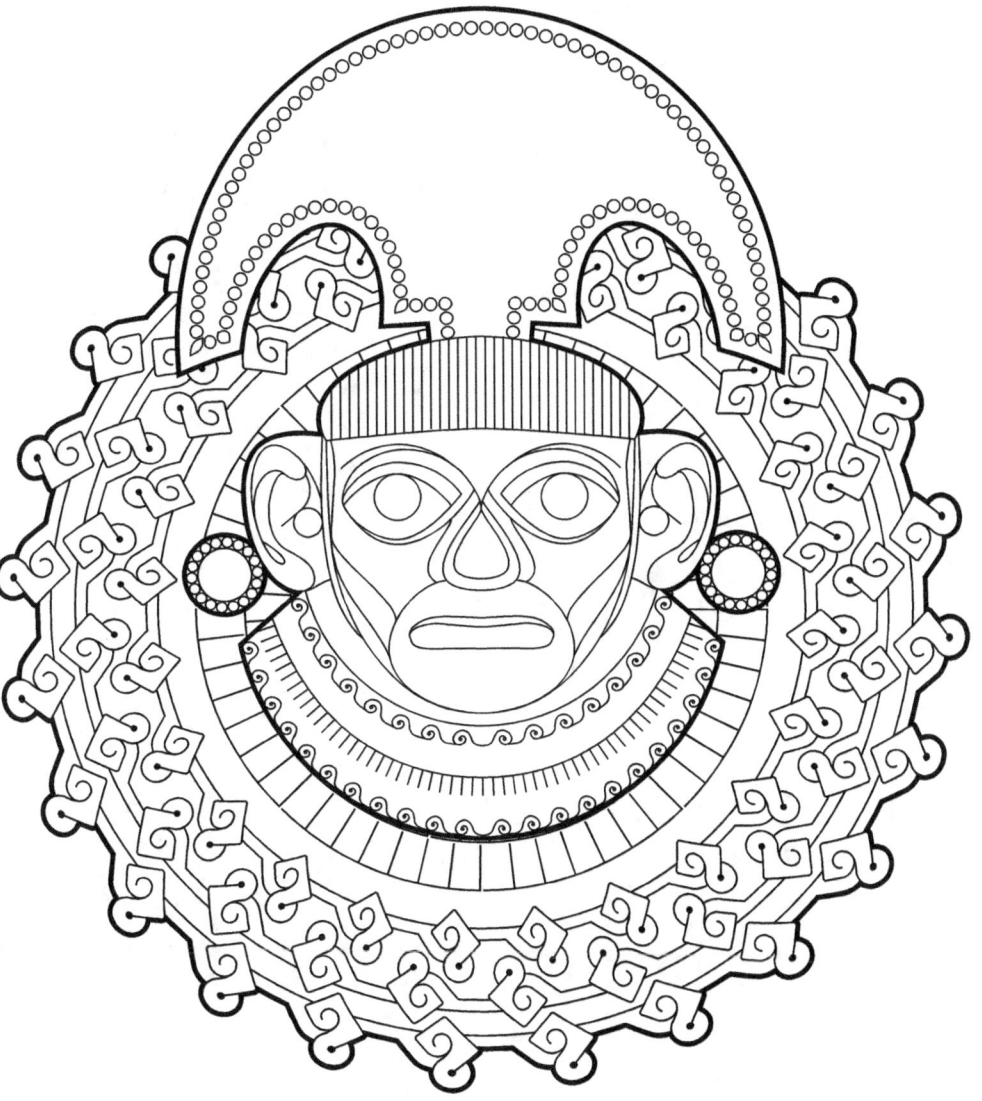

El Señor de Sipán fue un antiguo gobernante mochica del siglo III, cuyo dominio abarcó el norte del Perú.
Se encuentra en una tumba real, la mejor conservada del Perú.
Es muy famosa en la actualidad.

Cóndor Chavín

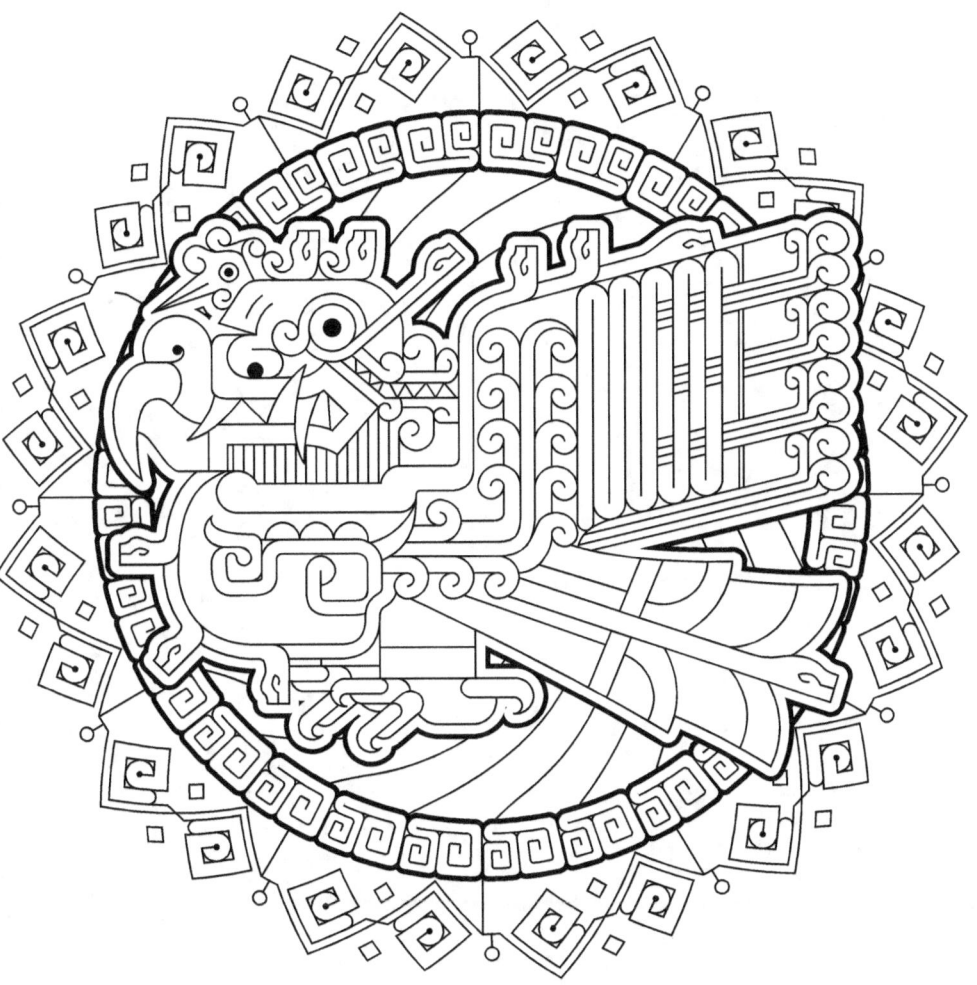

La cultura chavín encontró en el Cóndor a la representación misma de su carácter cultural: un depredador efectivo, dueño del cielo y amo de lo que se desea en la Tierra. Era percibido como una deidad que cobraba forma visible de animal.

Estela de Raimondi

Es una losa de granito que mide 1,98 metros de alto. El personaje representado es un dios felino con los brazos abiertos. La figura recuerda al dios Viracocha, quien también sostiene dos báculos.

Viracocha
Dios creador

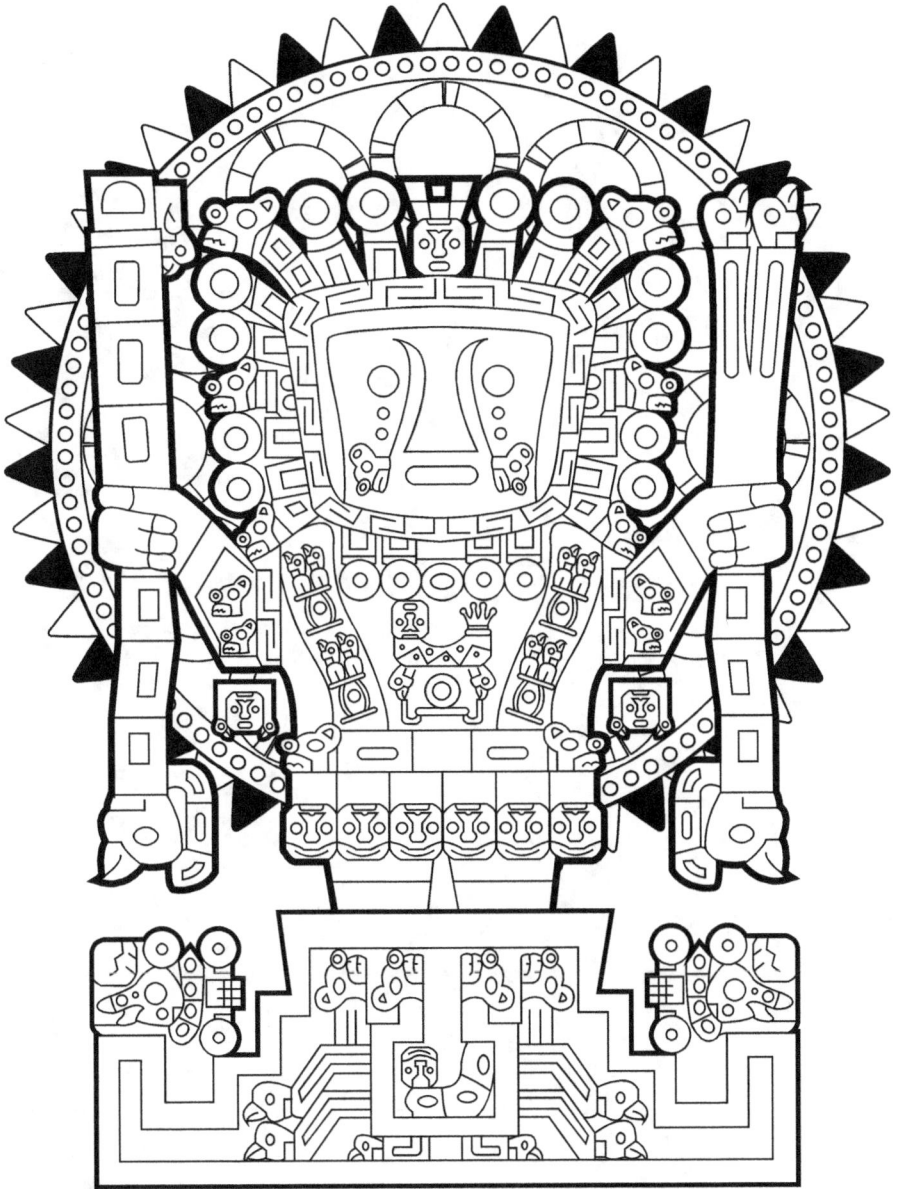

Si bien es cierto que Inti es la mayor de las deidades, Viracocha parece ser el más querido por el pueblo inca. Fue el dios que creó la tierra, el cielo y el mar, pero también era considerado el dios de la sabiduría. Los gobernantes incas preferían solicitar su dirección.

Jaguar
Chavín

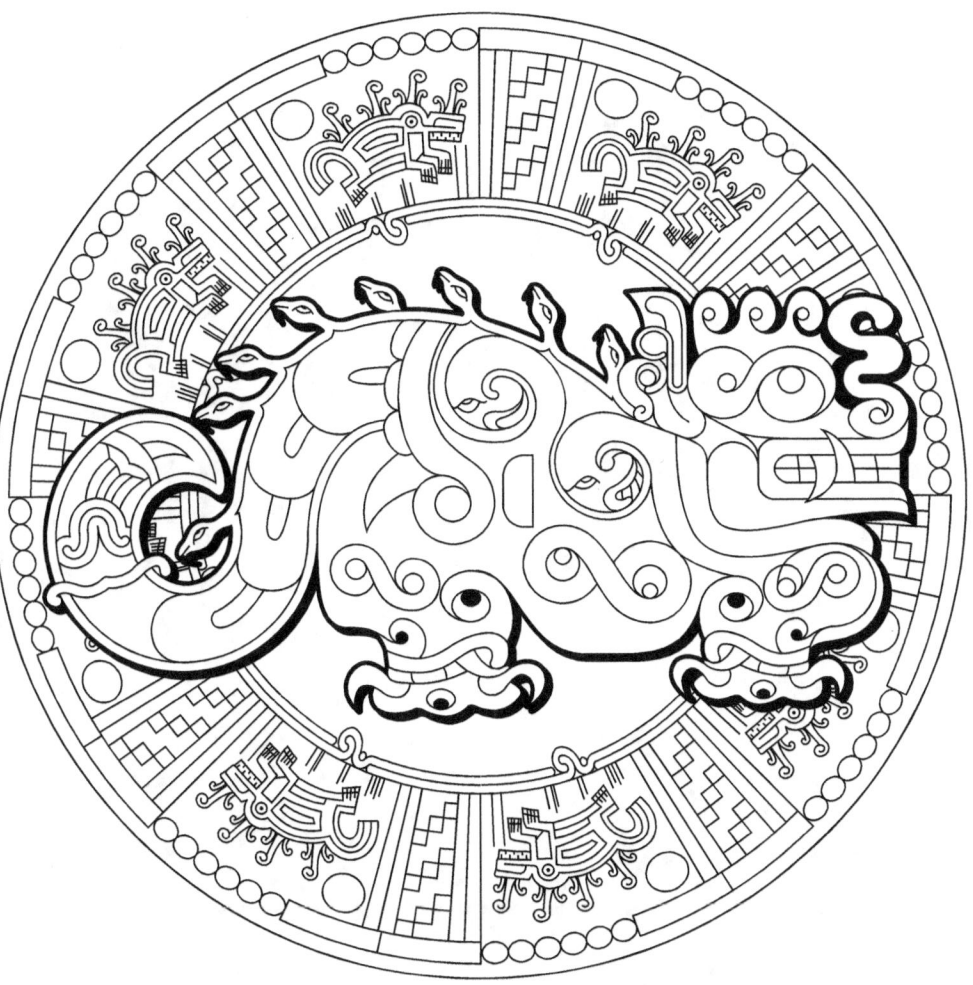

Es uno de los jaguares y serpientes que adornan las cornisas del Templo Viejo, en Chavín de Huántar. Era común entre los artesanos chavinenses, moches y, más adelante, entre los incas, añadir elementos representativos del carácter de los animales o personajes. Los colmillos, hocicos felinos y cabezas de serpientes se representaban con el fin de demostrar una personalidad dominante y guerrera.

Caballito de Totora

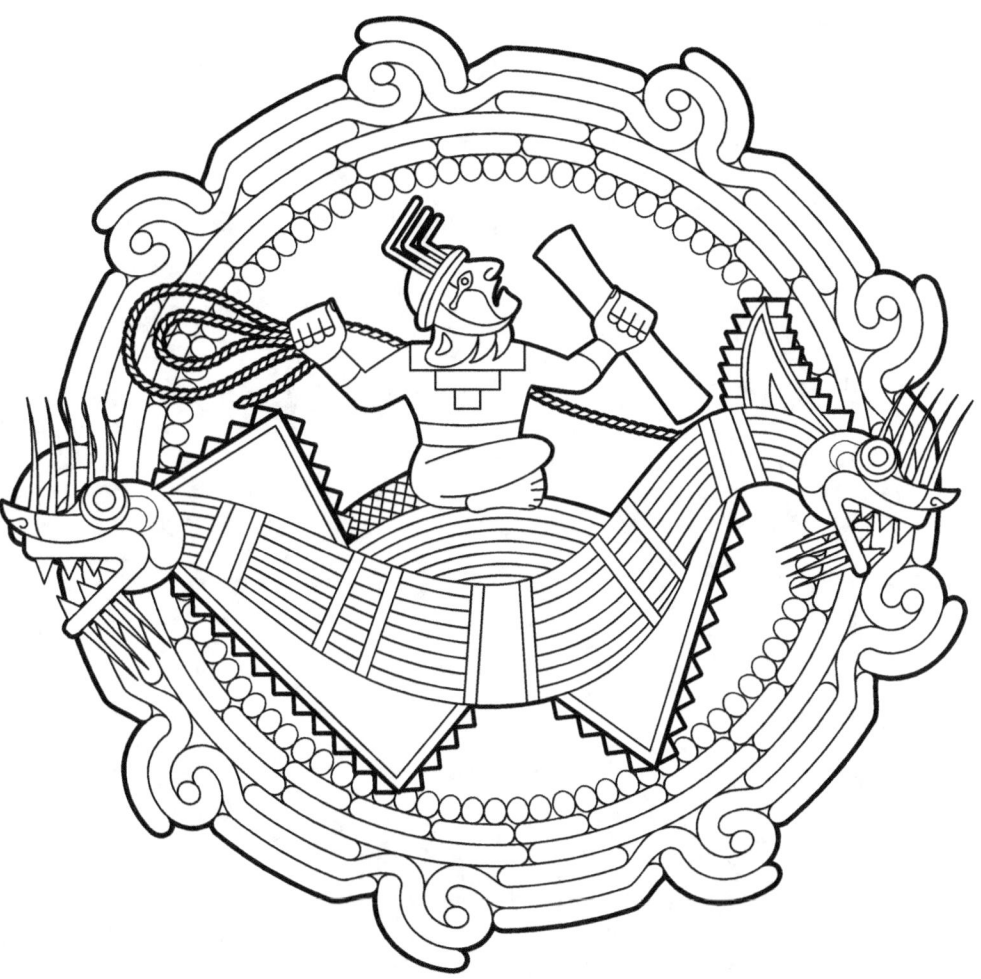

Otro gran aporte del pueblo chavín al imperio incaico es, sin duda alguna, el caballito de totora. Se sabe que estas embarcaciones han existido por más de 2500 años, y siguen siendo utilizadas hasta el día de hoy, lo que las convierte en una de las más antiguas de la humanidad.

Colibrí
Nazca

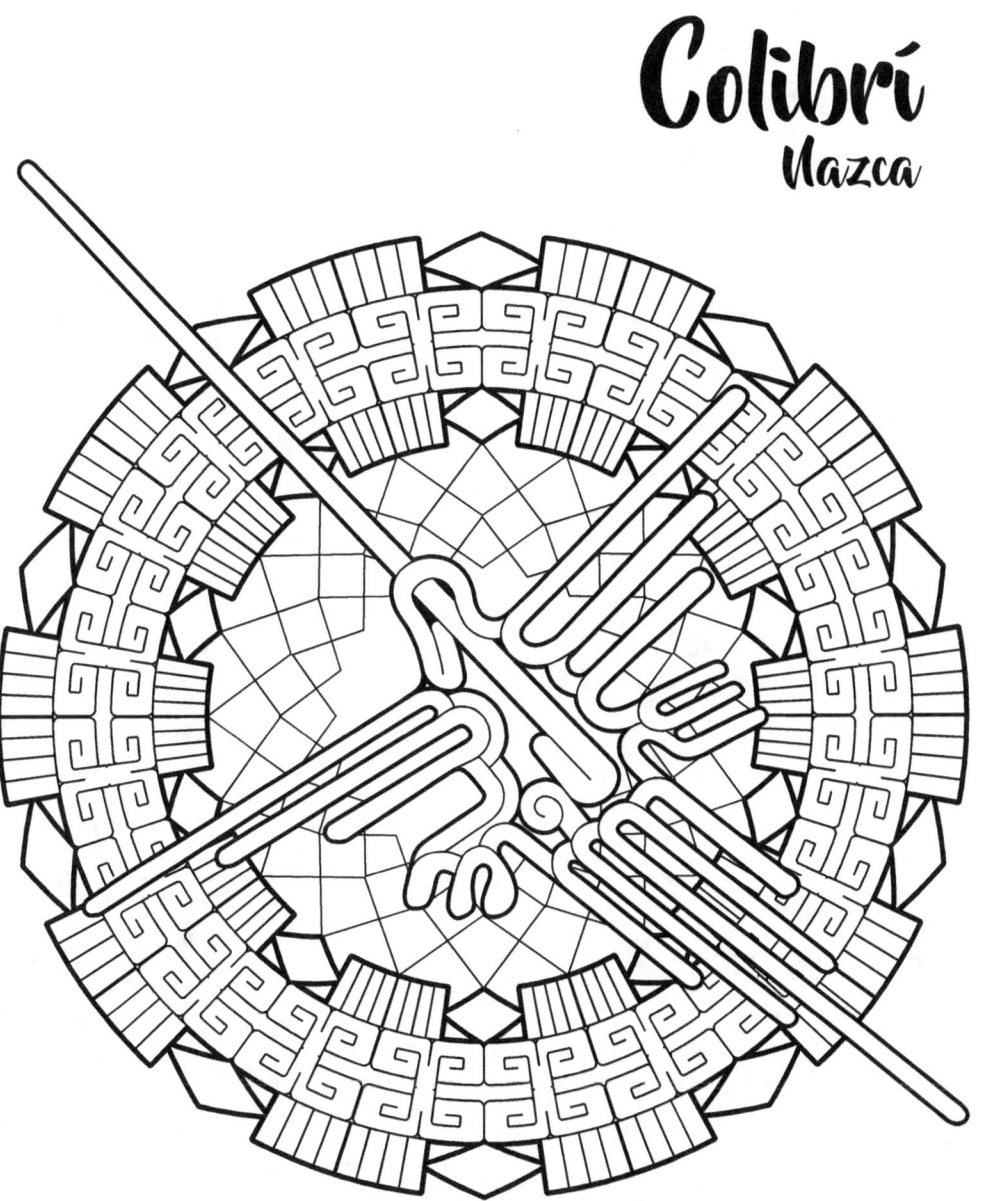

El rasgo más impresionante del Colibrí lo exhiben sus líneas perfectamente rectas, muchas de ellas paralelas a las otras. Posee una longitud máxima de 50 metros, que va desde su pico hasta la punta más alejada de su cola.

Pelícano
Nazca

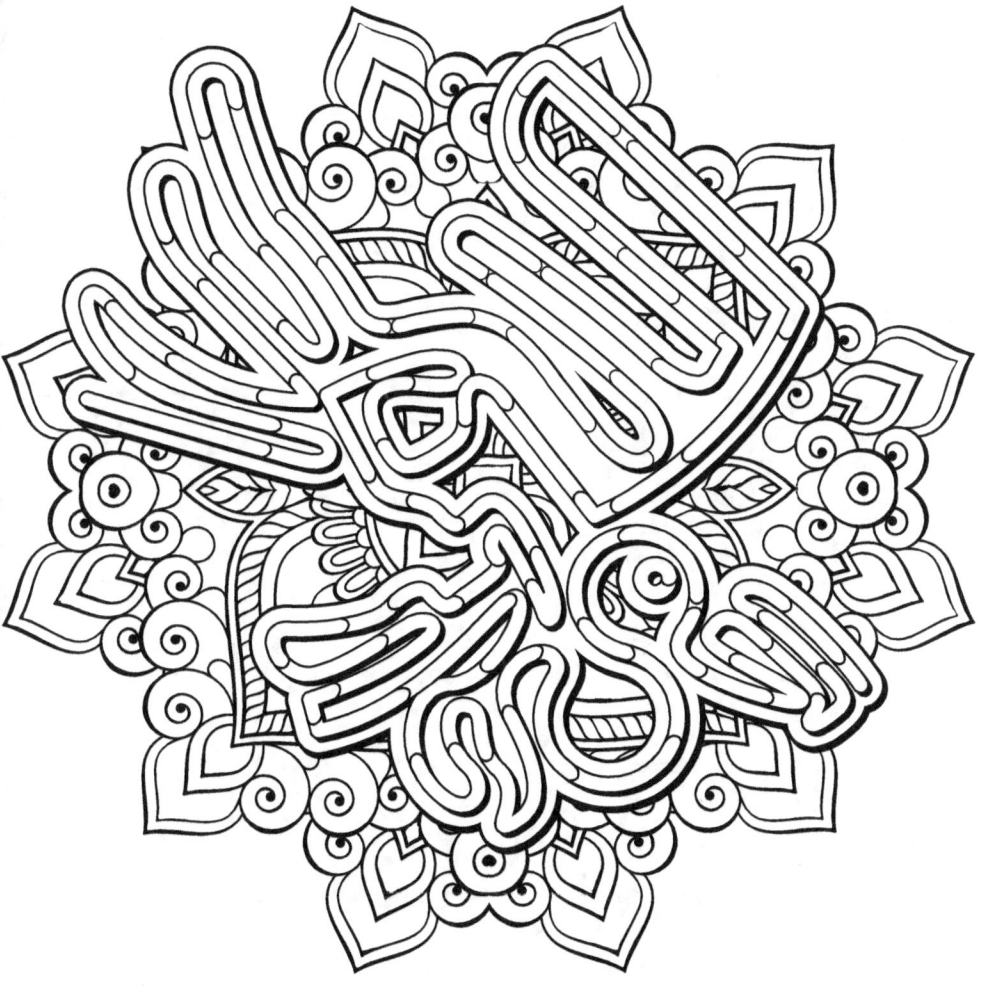

Esta representación, a diferencia de otras, como el Mono o el Colibrí, pareciera no cumplir con los estándares de geometría refinada; no obstante, se puede apreciar a simple vista la ilustración de un pájaro de pico curvo y alas extendidas. Mide 85 metros de longitud.

Chasquis

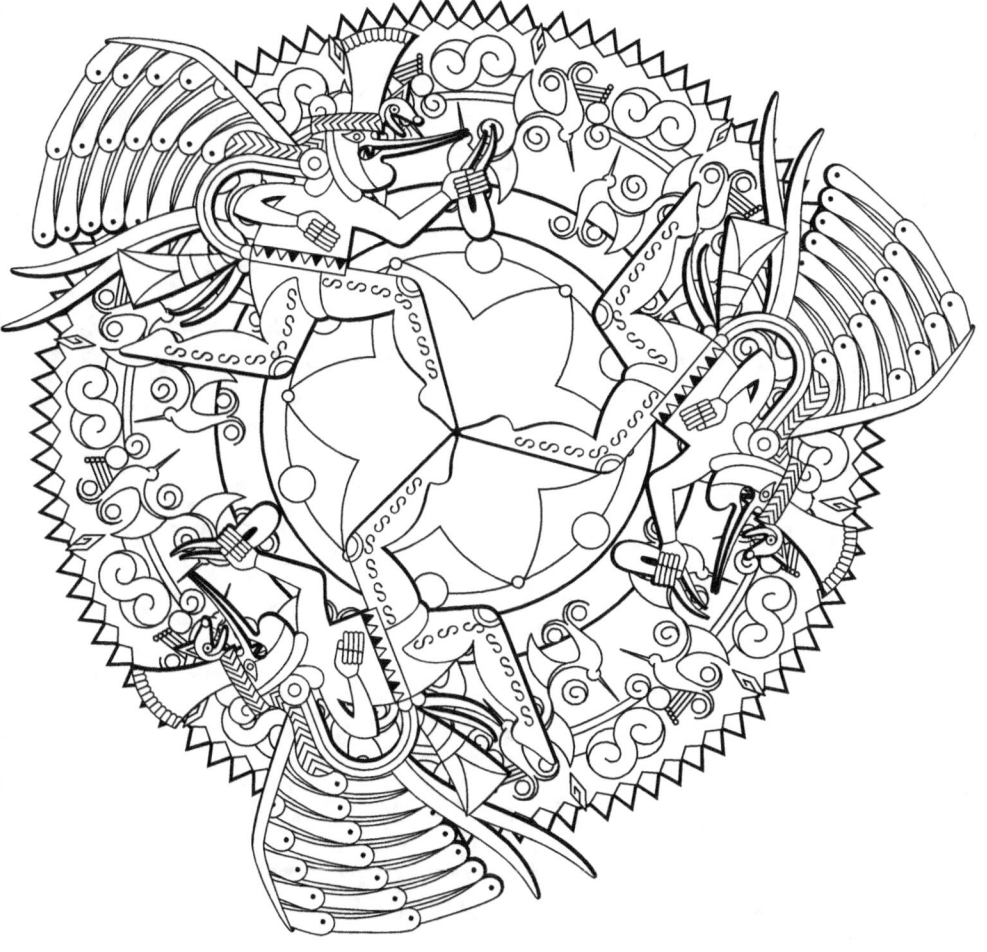

Los chasquis eran los mensajeros personales del emperador inca, quien utilizaba un sistema de postas para entregar mensajes u objetos. Eran jóvenes diestros preparados físicamente desde temprana edad. Se les asocia con el colibrí por la agilidad, destreza y velocidad de este animal.

Orfebrería
Chongoyape

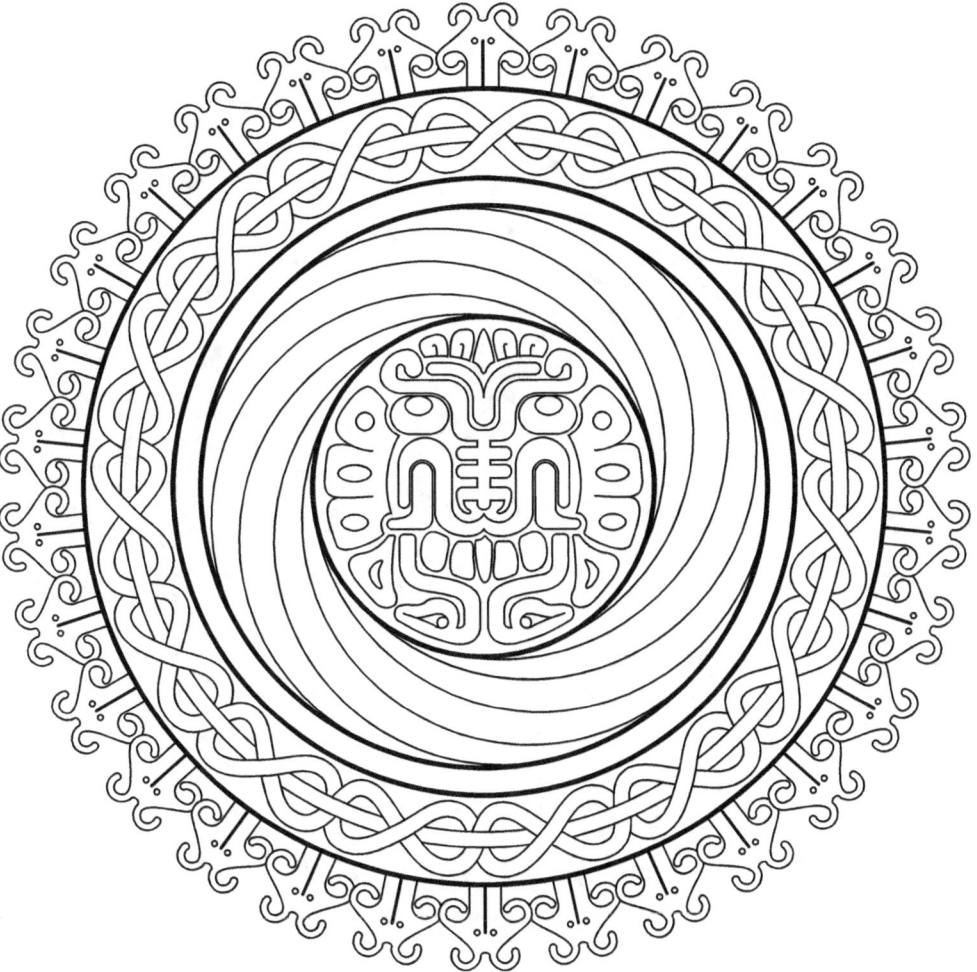

Ornamento de oro hallado en Chongoyape.
En la parte central se encuentra un rostro con rasgos felinos. Esta pieza está hecha de oro y demostraría que las diferentes culturas preíncas dominaban la orfebrería y la metalurgia.

Guerreros
Inca

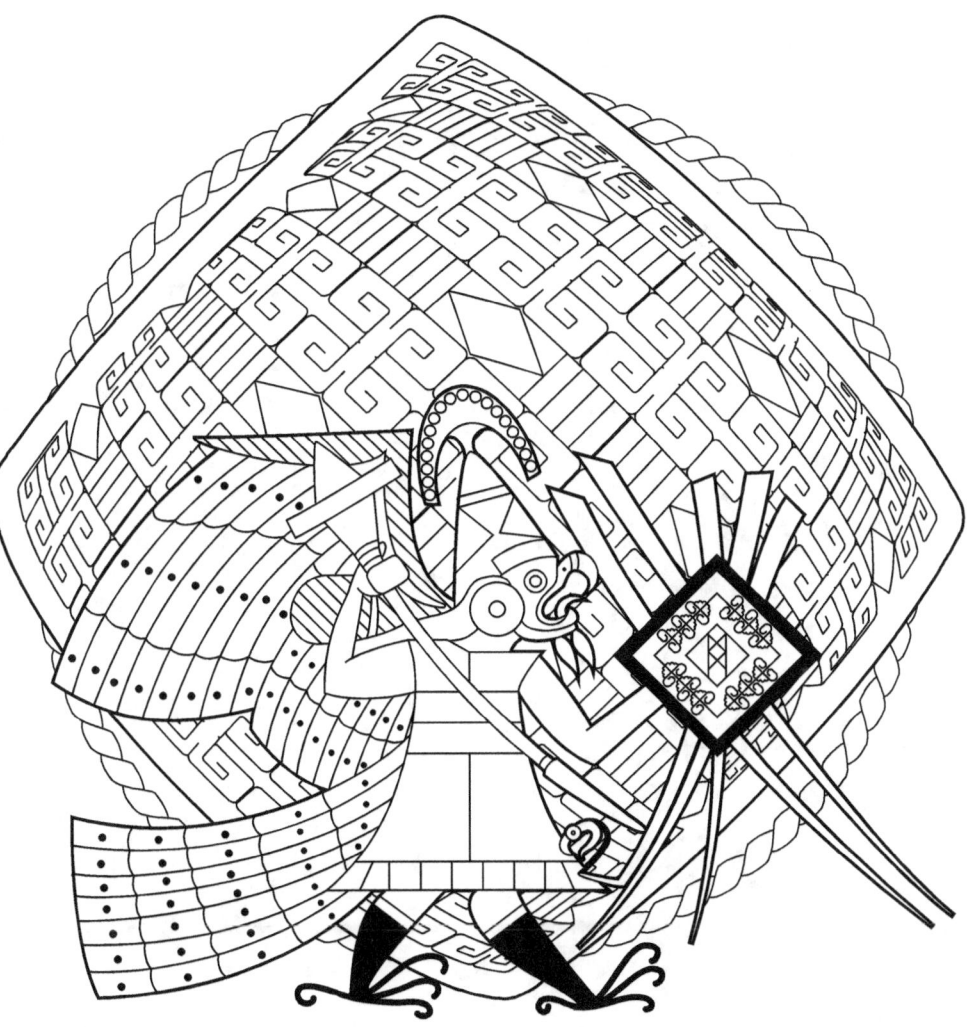

Ser un guerrero se consideraba el más alto honor al que un plebeyo podía acceder. Frecuentemente, se les atribuía características sobrehumanas, por lo que era común verlos representados con rasgos animales, como cabezas de jaguar o alas de aves.

Pachacámac
Dios del fuego

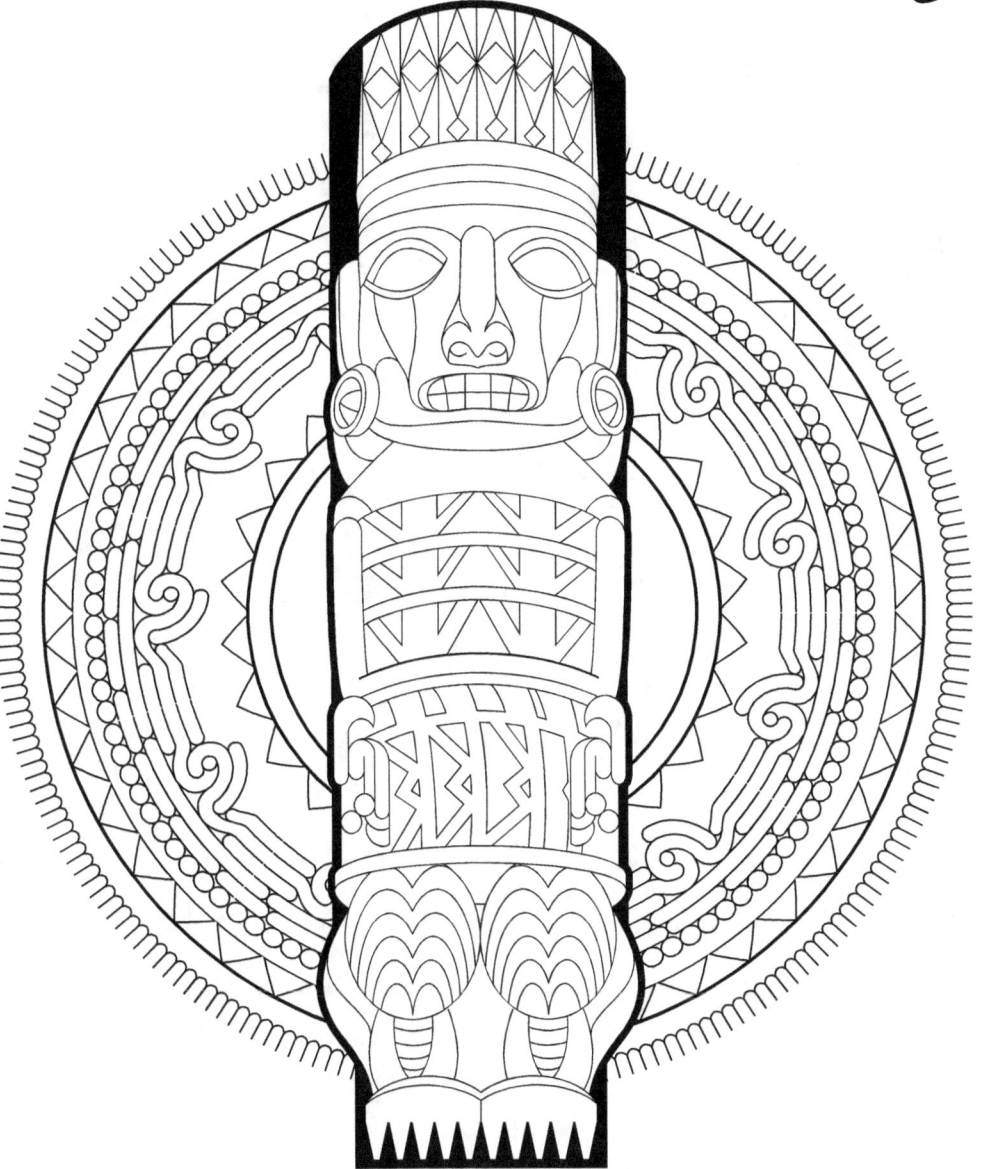

Pachacámac aparece como dios del fuego e hijo del dios Sol.
Fue considerado controlador del equilibrio en el mundo,
el cual se pensaba era plano y con terminación en el mar.
Se creía que era el rejuvenecedor del mundo creado por Viracocha.

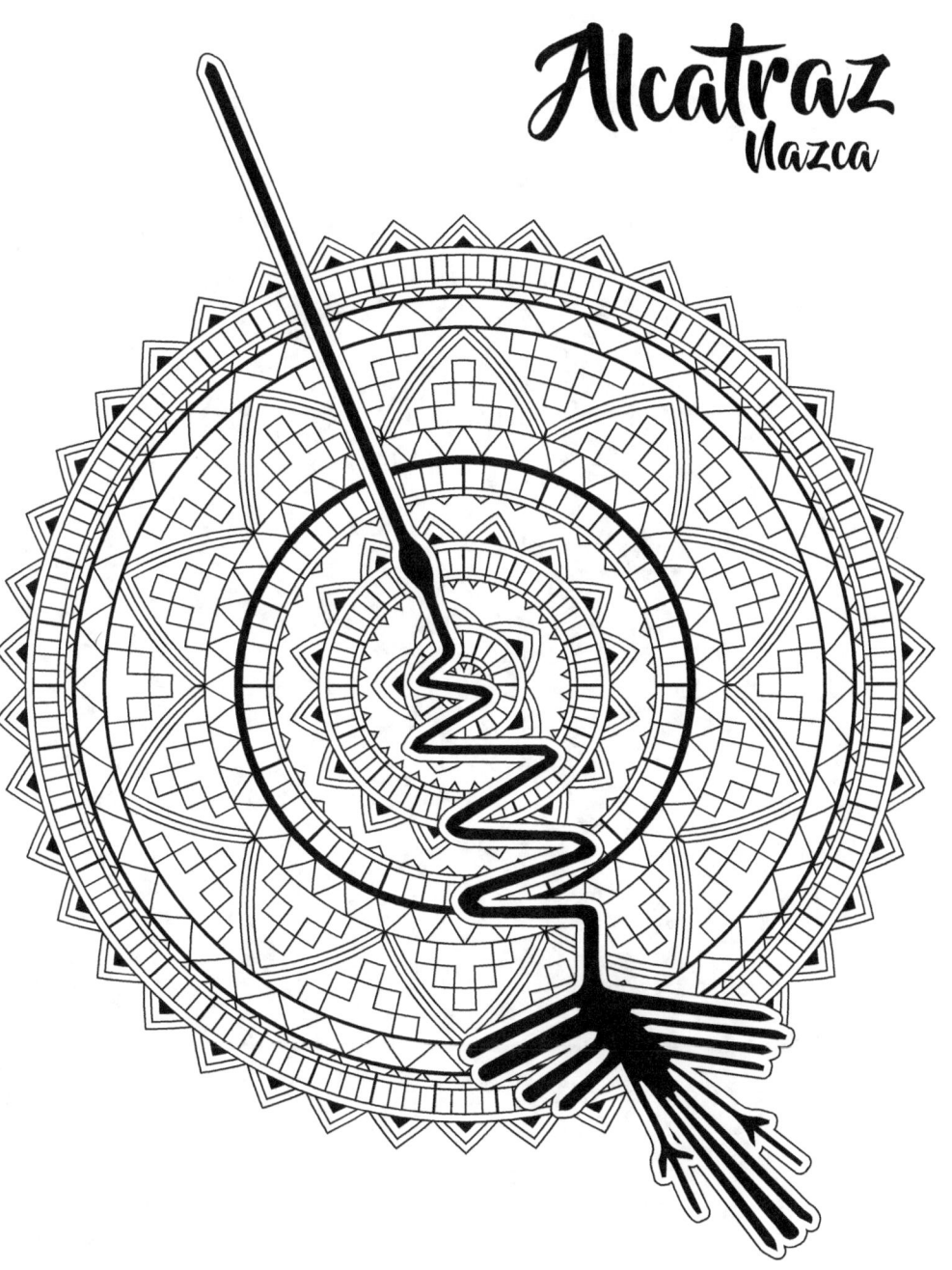

El alcatraz es considerado por muchos como
la figura más hermosa del conjunto de geoglifos de Nazca.

Jarrón
Mochica

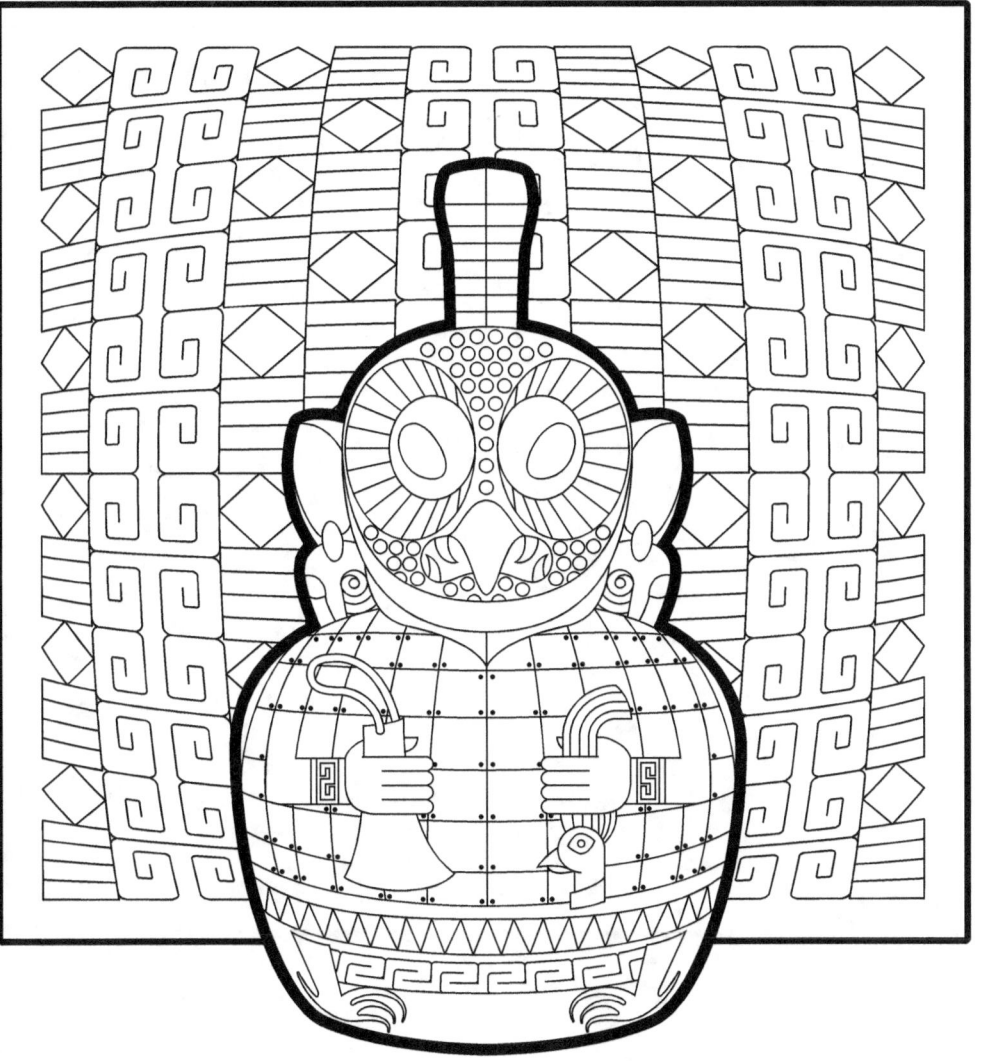

La alfarería inca y pre-inca, además de ser maravillosas piezas perfectamente funcionales, fueron un excelente método incaico para perpetuar la cultura.
Este jarrón relata una extensa y detallada historia de las costumbres y la vida cotidiana de los moches.

Mantos
Paracas

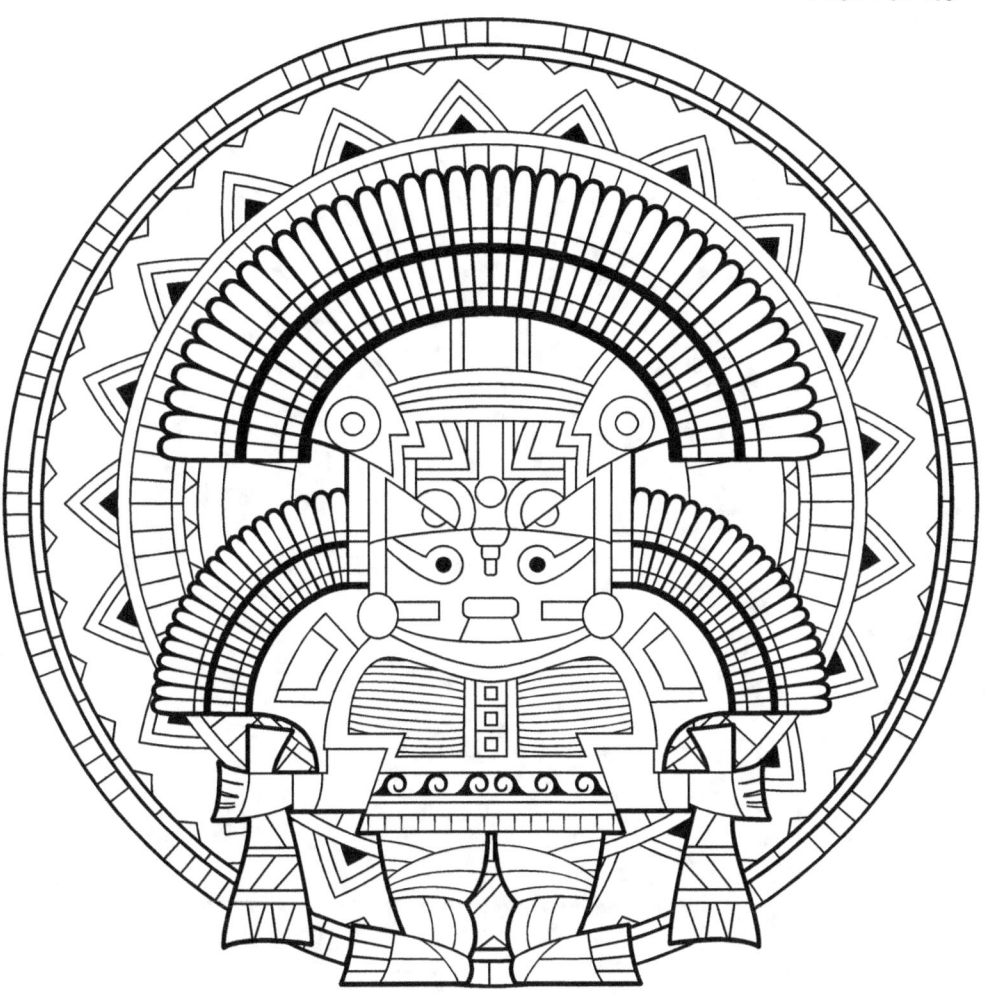

Imagen bordada en un antiguo vestido. Junto a la orfebrería, la alfarería y la escultura, el arte textil era dominado perfectamente por los pueblos y etnias paracas, quienes, más adelante, conformarían el imperio más grande de América.

Mantos Paracas 2

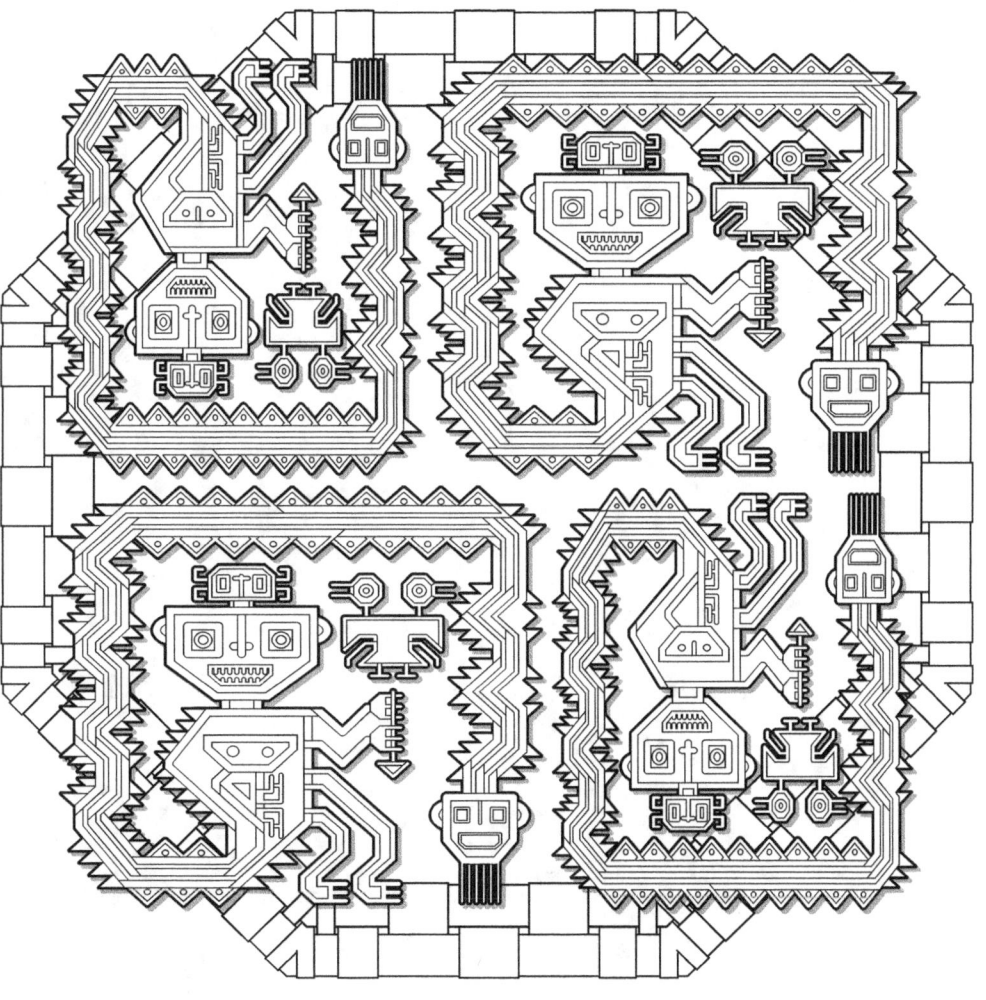

Fragmento bordado en un manto funerario de la cultura paracas. En general, los mantos funerarios de Paracas expresan relatos míticos.

Astronauta
Nazca

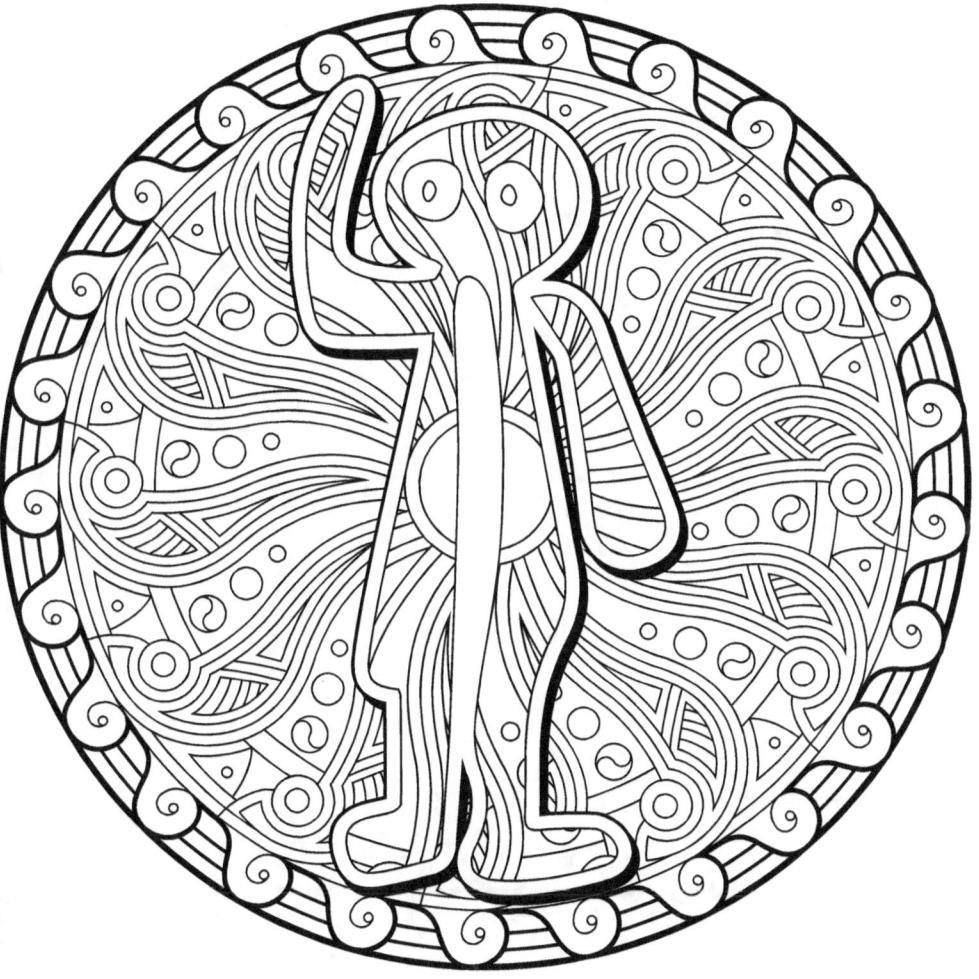

Esta figura de aspecto humano no es, en lo más mínimo, similar a la representación de los humanos hechos por los nazca, por lo que se sugiere el deseo de representar a un tipo de humano diferente. Tal vez un viajero del tiempo.

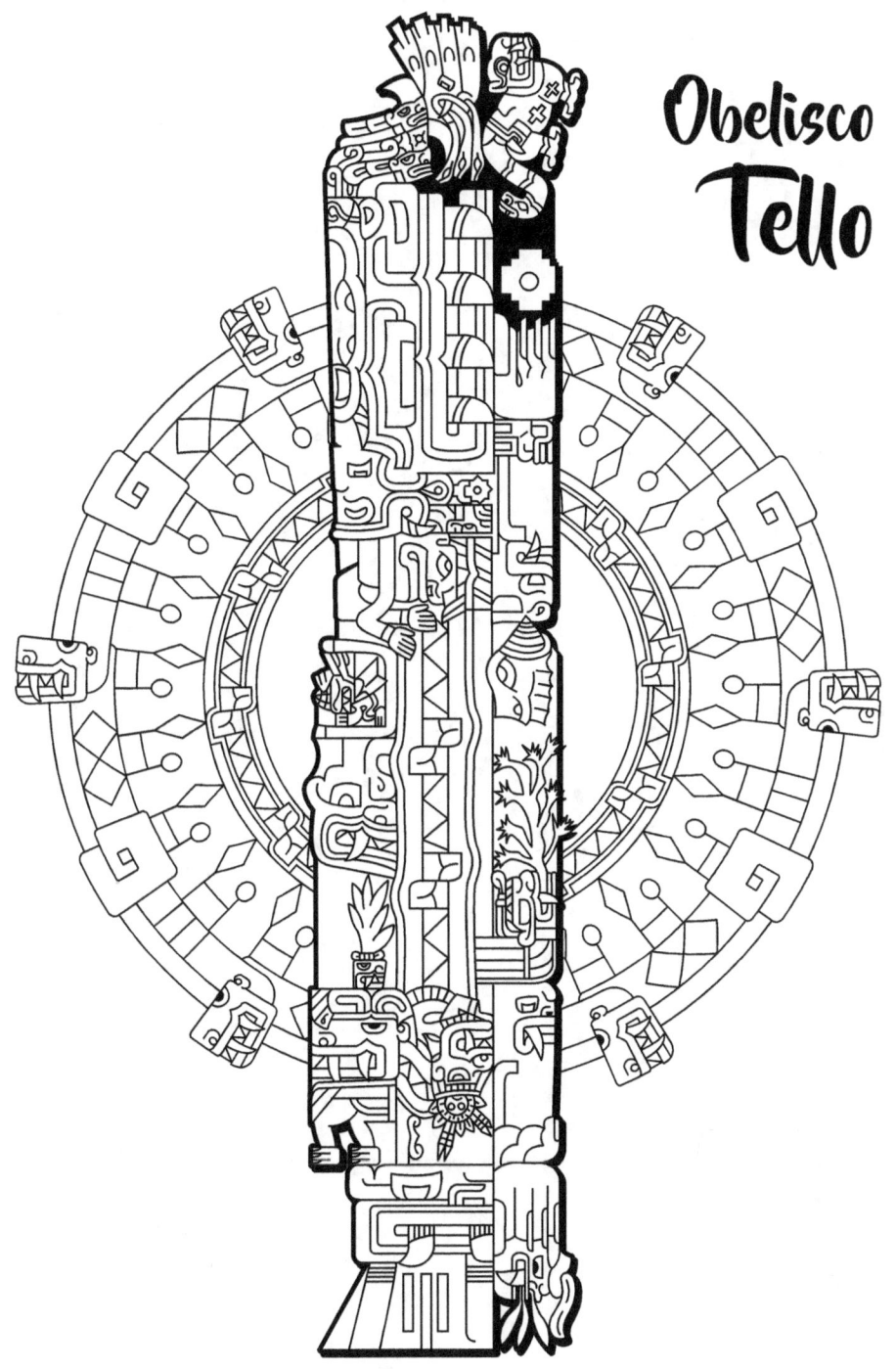

Obelisco Tello

Es una pieza en forma de prisma que mide 2,52 metros de altura, con una sección de 40 centímetros dentro de la tierra.
Para Tello y otros estudiosos se trata de un dios hermafrodita, es decir, lo masculino y femenino en un solo ser.

Laberinto Nazca

Estudiadas por los actuales arqueólogos, estas particulares líneas describen un recorrido continuo, similar a un laberinto encontrado en otras culturas, como la minoica, nativa de Creta.

Mama Quilla
Diosa Luna

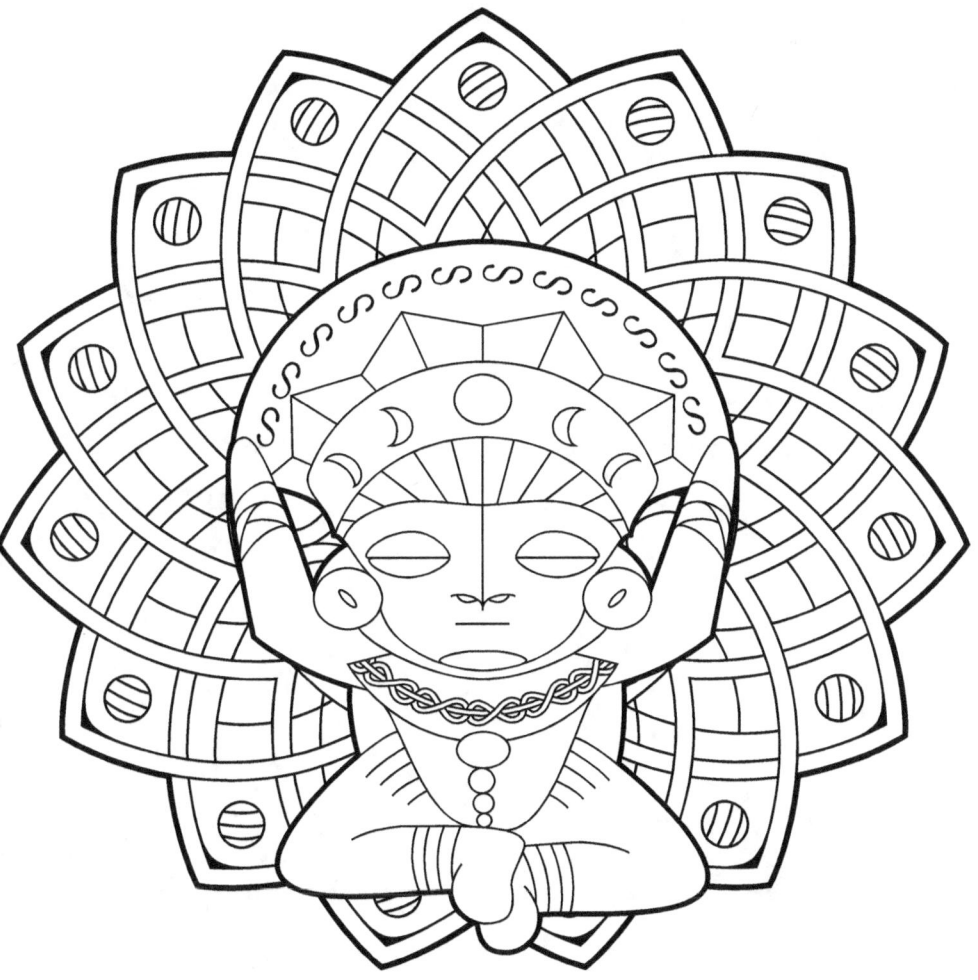

Fue la personificación divina de la Luna, esposa de Inti. Llama la atención que Mama Quilla, siendo mujer, ostentaba el mismo rango que su esposo, lo cual sugiere que, contrario a Europa y Asia, la cultura incaica no menospreciaba al género femenino ni lo consideraba inferior a los hombres.

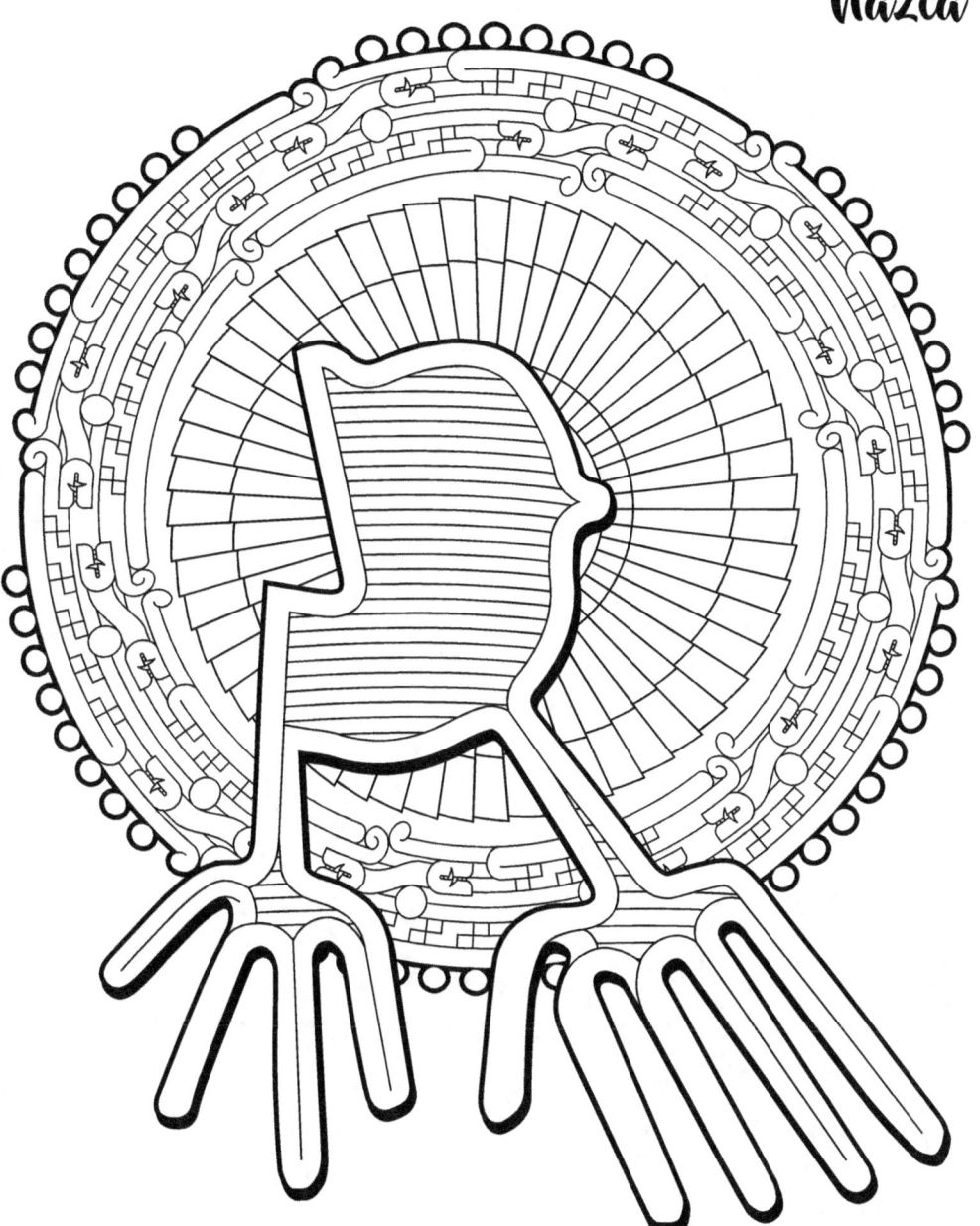

Las Manos
Nazca

Se desconoce a ciencia cierta qué tipo de figura deseaban representar en este geoglifo, no obstante, siendo dos manos con dedos alargados, se decidió simplemente llamarla «Las manos de Nazca».

www.ingramcontent.com/pod-product-compliance
Lightning Source LLC
Chambersburg PA
CBHW071432220526
45469CB00004B/1500